Introduzione

Introduzione alle Dinamiche Storiche ed Economiche della Sicilia

Settori Economici Chiave nella Sicilia Contemporanea

Le Politiche Economiche Regionali e Nazionali

Il Ruolo della Criminalità Organizzata nell'Economia Siciliana

Innovazione e Sviluppo Futuro: Energie Rinnovabili e Start-up Tecnologiche

Conclusioni e Raccomandazioni

COPYRIGHT © [2024] [GABRIEL TOMA]

Tutti i diritti riservati.

Questo documento, inclusi testo, immagini e grafica, è protetto dalle leggi sul copyright. È vietata la riproduzione totale o parziale, la distribuzione, la modifica o la pubblicazione di questo materiale senza il consenso scritto dell'autore.

Per richieste di permesso o ulteriori informazioni, contattare: [info.gabrytoma@gmail.com].

ECONOMIA E POLITICA ECONOMICA DELLA SICILIA: DINAMICHE, SFIDE E PROSPETTIVE DI SVILUPPO

La Sicilia, regione insulare del sud Italia, ha una storia economica e politica complessa, caratterizzata da una posizione strategica nel Mediterraneo, risorse naturali ricche e una serie di sfide strutturali. Questo lavoro si propone di analizzare l'economia siciliana attraverso una lente storica e contemporanea, esaminando le principali forze economiche in gioco, le politiche economiche adottate e il loro impatto sullo sviluppo regionale. Viene discusso il ruolo delle politiche di coesione dell'Unione Europea, il peso del settore pubblico e privato, l'influenza della criminalità organizzata, nonché le potenzialità di crescita future attraverso l'innovazione e la diversificazione economica.

INTRODUZIONE

La Sicilia, con i suoi circa 5 milioni di abitanti, è la più grande isola del Mediterraneo e una delle regioni italiane con maggiori disparità socio-economiche rispetto al resto del paese. Le sue problematiche economiche hanno radici profonde nella storia, ma sono aggravate da sfide moderne come la globalizzazione, la concorrenza internazionale e la disoccupazione giovanile. La politica economica in Sicilia ha cercato di rispondere a tali sfide con una serie di iniziative, alcune delle quali sostenute dall'Unione Europea. Tuttavia, la regione rimane tra le più arretrate d'Italia in termini di PIL pro capite e tasso di occupazione.

INTRODUZIONE ALLE DINAMICHE STORICHE ED ECONOMICHE DELLA SICILIA

La Sicilia è una regione di grande rilevanza storica ed economica, situata strategicamente al centro del Mediterraneo. La sua economia è stata modellata da secoli di dominazioni straniere, dalle influenze culturali e dai cambiamenti politici, con impatti profondi sui suoi settori produttivi e sullo sviluppo sociale. Tuttavia, a causa di varie sfide, come il mancato sviluppo infrastrutturale, le difficoltà economiche e l'influenza della criminalità organizzata, la Sicilia ha vissuto periodi di prosperità alternati a fasi di stagnazione e arretratezza economica rispetto al resto d'Italia.

PERIODO ANTICO E MEDIOEVO

Fin dall'antichità, la Sicilia è stata un importante centro di scambi commerciali e culturali. Le prime influenze economiche risalgono ai Greci, che colonizzarono l'isola nell'VIII secolo a.C., introducendo tecniche agricole avanzate e sviluppando la viticoltura e l'ulivicoltura. In seguito, la dominazione romana consolidò l'economia agricola siciliana, rendendola uno dei principali granai dell'Impero.

Durante l'età medievale, la Sicilia fu soggetta a diverse dominazioni, tra cui quella bizantina, araba e normanna. Gli Arabi, in particolare, portarono innovazioni tecnologiche nell'agricoltura, introducendo nuove colture, come il cotone, il riso e il limone, che arricchirono il tessuto economico dell'isola. Sotto la dominazione normanna e successivamente sveva, la Sicilia mantenne una forte economia agricola, ma sviluppò anche un sistema feudale che caratterizzò le relazioni socioeconomiche per secoli, con vaste proprietà terriere nelle mani di pochi signori e una grande maggioranza della popolazione impegnata nell'agricoltura di sussistenza.

ETÀ MODERNA: LA DOMINAZIONE SPAGNOLA E BORBONICA

L'età moderna vide un cambiamento nella struttura economica della Sicilia, soprattutto durante la dominazione spagnola e borbonica. Dal XVI al XIX secolo, la Sicilia fece parte del Regno di Spagna e successivamente del Regno delle Due Sicilie, sotto il controllo della dinastia borbonica. In questo periodo, l'isola mantenne un'economia prevalentemente agricola, con la produzione di grano e olio d'oliva come principali settori. Tuttavia, il sistema feudale persistente e una mancanza di innovazioni tecniche frenavano lo sviluppo economico e creavano disuguaglianze sociali significative.

Sotto il dominio borbonico, l'economia siciliana attraversò un periodo di declino. Le infrastrutture erano carenti, la povertà era diffusa e il controllo economico era concentrato nelle mani di pochi nobili e latifondisti. Le riforme economiche furono minime, e l'isola rimase un'economia arretrata rispetto al resto dell'Europa. Questo periodo fu segnato anche dall'aumento della criminalità organizzata, con l'ascesa del fenomeno mafioso, che iniziò a radicarsi profondamente nella società siciliana.

L'unificazione italiana del 1861 non portò immediati benefici economici alla Sicilia. La "questione meridionale" — un termine usato per descrivere il divario economico e sociale tra il Nord e il Sud Italia — divenne sempre più evidente. L'economia agricola della Sicilia continuava a essere caratterizzata da latifondi inefficienti, mentre le regioni del Nord Italia iniziavano a sviluppare una robusta base industriale.

Nonostante gli sforzi del governo italiano per modernizzare l'isola, come l'abolizione del feudalesimo e la redistribuzione delle terre, la Sicilia rimase arretrata. La povertà e la disoccupazione aumentarono, portando a una massiccia emigrazione verso le Americhe e l'Europa. La Sicilia divenne così una terra di emigranti, con milioni di siciliani che lasciarono l'isola in cerca di migliori opportunità economiche.

La fragilità economica della Sicilia fu ulteriormente aggravata dalla diffusione della mafia, che durante questo periodo assunse un ruolo sempre più significativo, infiltrandosi nelle strutture politiche ed economiche locali. La mafia controllava larghe fette del territorio, gestiva affari legati all'agricoltura e agli appalti pubblici, e frenava ogni tentativo di sviluppo industriale e infrastrutturale.

Nel XX secolo, in particolare dopo la Seconda guerra mondiale, la Sicilia beneficiò di diversi programmi di intervento pubblico volti a stimolare lo sviluppo economico. Il più importante di questi fu la **Cassa per il Mezzogiorno**, creata nel 1950 dal governo italiano per incentivare lo sviluppo delle regioni meridionali. Attraverso ingenti investimenti pubblici, l'obiettivo era quello di ridurre il divario tra Nord e Sud, migliorando le infrastrutture e favorendo l'industrializzazione della Sicilia.

Tuttavia, nonostante gli investimenti, i risultati della Cassa del Mezzogiorno furono spesso deludenti. Le opere pubbliche realizzate non furono sufficienti a stimolare una crescita economica sostenibile. La mafia continuava a controllare molte delle risorse economiche locali, distorcendo l'uso dei fondi pubblici e ostacolando lo sviluppo industriale. Molti progetti furono caratterizzati da inefficienza e corruzione, limitando l'efficacia degli interventi governativi.

Negli anni '60 e '70, la Sicilia vide l'emergere di alcuni poli industriali, come quelli di **Siracusa, Priolo e Gela**, concentrati principalmente nella raffinazione del petrolio e nella produzione chimica. Tuttavia, l'industrializzazione non fu mai completa o capillare. Questi poli industriali, pur creando posti di lavoro temporanei, furono soggetti a cicli economici globali e alla crisi energetica degli anni '70, che ne limitarono l'espansione. L'industria chimica, dipendente da mercati esteri e dall'andamento dei prezzi del petrolio, divenne vulnerabile ai cambiamenti economici globali.

SFIDE ECONOMICHE CONTEMPORANEE

A partire dagli anni '80 e '90, la Sicilia ha continuato a lottare con problemi economici strutturali, come l'alta disoccupazione, la bassa produttività e la dipendenza da sussidi statali. L'economia agricola ha subito ulteriori trasformazioni, con una riduzione dell'importanza del grano e un aumento della produzione di agrumi, olio d'oliva e vini di alta qualità, che hanno acquisito rilevanza nel mercato globale. Tuttavia, la frammentazione delle proprietà agricole e la scarsa meccanizzazione hanno limitato la competitività del settore.

Nel contesto contemporaneo, il turismo è emerso come uno dei settori con il maggior potenziale di crescita. Le città d'arte come Palermo, Siracusa e Agrigento, insieme alle risorse naturali, come l'Etna e le spiagge, hanno attirato un numero crescente di visitatori. Tuttavia, lo sviluppo turistico è stato ostacolato dalla mancanza di infrastrutture moderne, dalla scarsa promozione internazionale e dalla presenza della criminalità organizzata, che ha continuato a influenzare negativamente l'economia siciliana.

POTENZIALITÀ FUTURE E RIFORME NECESSARIE

Nonostante le difficoltà, la Sicilia possiede ancora enormi potenzialità di sviluppo. Il settore delle energie rinnovabili, in particolare l'energia solare ed eolica, rappresenta una grande opportunità, grazie all'abbondanza di risorse naturali. Inoltre, l'innovazione tecnologica e l'emergere di start-up nel settore digitale offrono nuove prospettive per la regione.

Perché queste opportunità si traducano in sviluppo economico, è necessario attuare riforme strutturali volte a migliorare l'efficienza amministrativa, combattere la criminalità organizzata e attrarre investimenti esterni. Il miglioramento delle infrastrutture, la modernizzazione del settore agricolo e la valorizzazione del turismo potrebbero consentire alla Sicilia di superare le sfide economiche del passato e diventare una regione più prospera e competitiva.

SETTORI ECONOMICI CHIAVE NELLA SICILIA CONTEMPORANEA

La Sicilia, la più grande isola del Mediterraneo, ha una storia economica complessa, caratterizzata da un'ampia varietà di settori produttivi che riflettono la sua posizione geografica, le sue risorse naturali e la sua storia culturale. Oggi, l'economia siciliana presenta una struttura eterogenea, in cui alcuni settori tradizionali, come l'agricoltura e il turismo, coesistono con attività industriali e manifatturiere più recenti. Tuttavia, l'economia dell'isola è ancora soggetta a significative sfide, come l'alta disoccupazione, la scarsa produttività e la limitata diversificazione economica. In questo contesto, esamineremo i settori economici chiave che modellano l'economia siciliana contemporanea e il loro potenziale per contribuire allo sviluppo sostenibile della regione.

AGRICOLTURA: TRADIZIONE E INNOVAZIONE

L'agricoltura è storicamente uno dei settori economici più importanti della Sicilia. Grazie alla sua posizione geografica, al clima favorevole e alla fertilità dei suoi suoli, l'isola ha una lunga tradizione agricola che risale all'antichità. Ancora oggi, l'agricoltura gioca un ruolo fondamentale nell'economia regionale, anche se la sua importanza è diminuita rispetto al passato.

La produzione agricola siciliana si caratterizza per la coltivazione di grano, olive, uva, agrumi, mandorle e pistacchi, tutti prodotti che rappresentano un'eccellenza non solo a livello nazionale, ma anche internazionale. Tra questi, gli agrumi siciliani, in particolare le arance rosse di Sicilia (protette dal marchio IGP), sono uno dei simboli principali dell'economia agricola dell'isola. Anche la produzione di olio d'oliva e di vini di alta qualità ha acquisito sempre maggiore importanza, con vini siciliani come il Nero d'Avola e il Marsala che sono riconosciuti globalmente.

Nonostante il potenziale del settore agricolo, la Sicilia deve affrontare diverse sfide strutturali. La frammentazione della proprietà terriera, la scarsa meccanizzazione e l'accesso limitato ai mercati internazionali rappresentano ostacoli significativi. Inoltre, i cambiamenti climatici stanno influenzando negativamente le rese agricole, rendendo difficile per i produttori mantenere la competitività. Per rispondere a queste sfide, negli ultimi anni si è assistito a un crescente interesse per l'agricoltura biologica e sostenibile, che ha contribuito a migliorare la qualità dei prodotti agricoli siciliani e ad aprire nuovi mercati di nicchia.

L'accesso ai fondi dell'Unione Europea, in particolare attraverso la Politica Agricola Comune (PAC), ha fornito risorse per sostenere la modernizzazione del settore, migliorare le infrastrutture rurali e promuovere l'innovazione tecnologica. Tuttavia, è necessario un maggiore coordinamento tra i produttori locali per migliorare la competitività dell'agricoltura siciliana a livello globale.

INDUSTRIA: ENERGIA, RAFFINAZIONE E MANIFATTURA

Il settore industriale siciliano si è sviluppato principalmente a partire dagli anni '50 e '60, con la costruzione di impianti di raffinazione del petrolio e di produzione chimica, concentrati in poli industriali come quelli di Priolo, Gela e Milazzo. Questi poli industriali sono stati fondamentali per la creazione di posti di lavoro e per lo sviluppo economico della regione, ma al tempo stesso hanno reso la Sicilia fortemente dipendente da settori energetici e petrolchimici vulnerabili a crisi internazionali.

La Sicilia ospita oggi alcune delle più grandi raffinerie d'Europa, che lavorano petrolio greggio importato da tutto il mondo. Tuttavia, la crisi del settore energetico globale, dovuta alla crescente attenzione per la sostenibilità e alla diminuzione della domanda di combustibili fossili, ha portato a una riduzione delle attività di raffinazione e alla conseguente perdita di posti di lavoro. Questo ha evidenziato la necessità di diversificare l'industria siciliana e di investire in settori più sostenibili.

In questo contesto, il settore delle energie rinnovabili rappresenta una grande opportunità per la Sicilia. Grazie alla sua posizione geografica, l'isola ha un enorme potenziale per lo sviluppo di energia solare ed eolica. Negli ultimi anni, sono stati realizzati numerosi impianti fotovoltaici ed eolici, che hanno contribuito a ridurre la dipendenza dalle fonti di energia tradizionali e a creare nuove opportunità di investimento. Tuttavia, per sfruttare appieno queste risorse, è necessario superare alcune barriere burocratiche e migliorare le infrastrutture energetiche, come le reti di distribuzione dell'elettricità.

Accanto all'industria energetica, la Sicilia ha visto un certo sviluppo nel settore manifatturiero, sebbene quest'ultimo rimanga limitato rispetto ad altre regioni italiane. Le attività manifatturiere si concentrano principalmente nella produzione alimentare, nell'abbigliamento e nei prodotti chimici. Anche l'industria della ceramica, con centri come Caltagirone, ha una lunga tradizione nell'isola e rappresenta un importante settore artigianale.

TURISMO: POTENZIALITÀ E SFIDE INFRASTRUTTURALI

Il turismo rappresenta uno dei settori economici più dinamici della Sicilia e ha un grande potenziale per diventare un motore di crescita economica sostenibile. La regione vanta una ricchezza culturale e naturale senza pari, con città storiche, monumenti patrimonio dell'umanità dell'UNESCO, come la Valle dei Templi di Agrigento, e paesaggi naturali spettacolari, tra cui l'Etna, il vulcano attivo più alto d'Europa. Le città d'arte come Palermo, Catania, Siracusa e Taormina attirano ogni anno milioni di turisti, affascinati dalla loro storia millenaria, dall'architettura unica e dalla ricchezza culturale.

Il turismo balneare rappresenta un altro segmento importante, con le coste siciliane che offrono spiagge rinomate e una stagione turistica lunga, grazie al clima mediterraneo favorevole. Le isole minori, come le Eolie, le Egadi e Pantelleria, sono mete turistiche popolari sia per gli italiani che per i turisti stranieri.

Nonostante il grande potenziale del turismo, la Sicilia deve affrontare significative sfide infrastrutturali che ne limitano lo sviluppo. La rete di trasporti è insufficiente, con collegamenti ferroviari lenti e inadeguati, aeroporti sovraffollati e una carente infrastruttura stradale nelle aree interne. Inoltre, la promozione turistica della Sicilia a livello internazionale non è ancora sufficientemente strutturata per competere con altre destinazioni mediterranee più consolidate. Per esempio, regioni come la

Toscana o le Baleari in Spagna sono in grado di attirare un turismo internazionale più qualificato, grazie a una promozione più efficace e a un'offerta turistica meglio organizzata.

Il settore turistico siciliano, inoltre, è influenzato dall'incidenza della criminalità organizzata, che ha spesso rappresentato un ostacolo per lo sviluppo di nuove infrastrutture e per l'attrazione di investimenti esteri. La presenza della mafia in alcune aree dell'isola ha avuto un impatto negativo sulla percezione della sicurezza e sulla capacità della Sicilia di presentarsi come una destinazione turistica globale.

Per superare queste sfide, è necessaria una maggiore cooperazione tra il settore pubblico e privato per migliorare l'infrastruttura turistica, rafforzare la promozione internazionale e attrarre investimenti nei settori del turismo di lusso, dell'ecoturismo e del turismo culturale.

INNOVAZIONE E START-UP TECNOLOGICHE: UN SETTORE EMERGENTE

Uno dei settori che offre le maggiori speranze per il futuro della Sicilia è quello dell'innovazione tecnologica. Negli ultimi anni, l'isola ha visto la nascita di un crescente ecosistema di start-up e imprese tecnologiche che stanno cercando di sfruttare le nuove opportunità offerte dal digitale, dall'intelligenza artificiale e dalle nuove tecnologie. Questo fenomeno è stato sostenuto da iniziative governative e da programmi europei volti a promuovere l'innovazione e a facilitare l'accesso ai finanziamenti per le imprese tecnologiche.

Le università siciliane, come l'Università di Palermo e l'Università di Catania, svolgono un ruolo chiave in questo processo, promuovendo la ricerca scientifica e lo sviluppo di competenze tecnologiche tra i giovani. I parchi scientifici e tecnologici, come l'Etna Valley, rappresentano importanti incubatori per l'innovazione e contribuiscono alla creazione di nuovi posti di lavoro qualificati nell'isola.

L'innovazione tecnologica è particolarmente promettente nei settori della sostenibilità ambientale, delle energie rinnovabili e del turismo digitale. Tuttavia, per garantire che la Sicilia possa sfruttare appieno queste opportunità, è essenziale migliorare la connettività digitale e attrarre investimenti per accelerare la transizione verso un'economia basata sulla conoscenza.

SETTORE PUBBLICO E SERVIZI: DIPENDENZA E RIFORME

Il settore pubblico è storicamente uno dei principali datori di lavoro in Sicilia. Tuttavia, l'eccessiva dipendenza dall'occupazione pubblica ha creato distorsioni nell'economia regionale, con un forte clientelismo e una limitata produttività del settore pubblico. Negli ultimi anni, il governo regionale ha avviato alcune riforme volte a ridurre l'inefficienza burocratica e a migliorare la qualità dei servizi pubblici, ma restano ancora molte sfide da affrontare.

I servizi sanitari, l'istruzione e i trasporti pubblici sono settori in cui è necessario un profondo rinnovamento per garantire una maggiore efficienza e un miglioramento della qualità della vita per i cittadini siciliani.

CONCLUSIONI

I settori economici chiave della Sicilia contemporanea, dall'agricoltura al turismo, dall'industria alle energie rinnovabili, offrono grandi opportunità per il futuro dell'isola. Tuttavia, per sfruttare appieno queste potenzialità, è necessario superare le sfide infrastrutturali, burocratiche e sociali che hanno storicamente frenato lo sviluppo economico della regione. Con un'adeguata pianificazione e l'attrazione di investimenti esteri, la Sicilia può diventare un centro di crescita sostenibile nel Mediterraneo.

LE POLITICHE ECONOMICHE REGIONALI E NAZIONALI

Le politiche economiche regionali e nazionali svolgono un ruolo fondamentale nello sviluppo economico della Sicilia. L'isola, situata nel cuore del Mediterraneo, è una regione autonoma con un proprio statuto speciale che le conferisce competenze legislative in molte aree, compresa l'economia. Tuttavia, la sua economia resta strettamente legata alle politiche economiche nazionali italiane e alle direttive dell'Unione Europea. Questo riassunto esplora le principali politiche economiche attuate a livello regionale e nazionale e il loro impatto sull'economia siciliana.

IL RUOLO DELLO STATUTO SPECIALE SICILIANO

La Sicilia è una delle cinque regioni italiane a statuto speciale, il che le conferisce un certo grado di autonomia in settori come le finanze, l'amministrazione locale e lo sviluppo economico. Lo Statuto speciale, approvato nel 1946, fu pensato per garantire alla regione una maggiore indipendenza nella gestione delle sue risorse e per rispondere alle particolari esigenze economiche e sociali dell'isola.

Grazie a questo statuto, la Sicilia ha una notevole autonomia fiscale, trattenendo una quota delle tasse raccolte sul suo territorio. Tuttavia, nonostante queste prerogative, la regione ha storicamente incontrato difficoltà nel tradurre questa autonomia in uno sviluppo economico sostenibile. La gestione inefficiente delle risorse, il clientelismo politico e la presenza di corruzione e criminalità organizzata hanno spesso impedito alla Sicilia di sfruttare appieno i vantaggi dello statuto speciale.

POLITICHE DI SVILUPPO REGIONALE

Le politiche economiche regionali della Sicilia si concentrano principalmente su interventi finalizzati a ridurre il divario tra l'isola e le regioni più sviluppate del Nord Italia. Questo obiettivo è perseguito attraverso una combinazione di investimenti pubblici, incentivi alle imprese e programmi di sviluppo infrastrutturale.

Uno degli strumenti principali per il finanziamento delle politiche di sviluppo regionale è costituito dai fondi strutturali dell'Unione Europea, che sono stati fondamentali per sostenere la crescita economica e sociale della Sicilia. Tra questi fondi, il **Fondo Europeo di Sviluppo Regionale (FESR)** e il **Fondo Sociale Europeo (FSE)** sono stati utilizzati per promuovere progetti in settori come l'innovazione, la ricerca, l'occupazione giovanile e la formazione professionale.

Negli ultimi anni, la Regione Siciliana ha concentrato le sue politiche economiche su alcuni settori chiave:

- **Sviluppo rurale e agricoltura**: Sono stati promossi programmi volti a sostenere la modernizzazione dell'agricoltura, la diversificazione delle attività economiche nelle aree rurali e la promozione dei prodotti tipici siciliani sui mercati internazionali.
- **Innovazione e digitalizzazione**: Sono stati lanciati programmi per favorire la crescita delle start-up e delle imprese tecnologiche, con particolare attenzione allo

sviluppo dell'innovazione digitale.

- **Turismo**: Il turismo è stato identificato come un settore strategico per la crescita economica dell'isola, con politiche mirate a migliorare l'offerta turistica e le infrastrutture, nonché a promuovere il patrimonio culturale e naturale della Sicilia.

- **Sostenibilità ambientale ed energie rinnovabili**: Le politiche regionali si sono orientate verso la promozione di investimenti in energia solare ed eolica, che rappresentano un'importante opportunità per ridurre la dipendenza dell'isola dalle fonti di energia non rinnovabile.

INFRASTRUTTURE E TRASPORTI

Un'area particolarmente critica per l'economia siciliana è quella delle infrastrutture e dei trasporti. La Sicilia soffre di un'inadeguatezza delle reti di trasporto che limita la competitività delle imprese e ostacola la mobilità delle persone. Le politiche regionali e nazionali hanno tentato di affrontare queste carenze attraverso investimenti in infrastrutture stradali, ferroviarie e portuali.

A livello nazionale, il **Piano Nazionale di Ripresa e Resilienza (PNRR)**, sviluppato come risposta alla crisi economica causata dalla pandemia di COVID-19, prevede significativi investimenti in infrastrutture per il Sud Italia, compresa la Sicilia. Tra i progetti previsti, vi è il potenziamento delle linee ferroviarie ad alta velocità, il miglioramento delle infrastrutture portuali e la modernizzazione delle reti di trasporto pubblico.

Tuttavia, la realizzazione di questi progetti ha incontrato ostacoli legati alla complessità burocratica e alla lentezza nell'esecuzione dei lavori pubblici. Il mancato completamento di molte opere infrastrutturali ha limitato l'impatto positivo delle politiche economiche regionali e nazionali sullo sviluppo della Sicilia.

OCCUPAZIONE E POLITICHE DEL LAVORO

Uno dei problemi strutturali più gravi che affligge l'economia siciliana è l'alta disoccupazione, in particolare quella giovanile. La mancanza di opportunità lavorative è un fattore chiave che spinge molti giovani a emigrare verso il Nord Italia o verso altri paesi europei.

Le politiche economiche nazionali hanno cercato di affrontare questo problema attraverso una serie di iniziative mirate a incentivare l'occupazione, come sgravi fiscali per le imprese che assumono giovani, contratti di apprendistato e programmi di formazione professionale. A livello regionale, la Sicilia ha beneficiato dei fondi del **Fondo Sociale Europeo (FSE)** per finanziare programmi di inclusione lavorativa e sostegno alle fasce più deboli della popolazione.

Un altro strumento di politica del lavoro è rappresentato dai **Centri per l'Impiego**, che sono stati oggetto di un piano di riforma volto a migliorarne l'efficienza e la capacità di mediazione tra domanda e offerta di lavoro. Tuttavia, la mancanza di coordinamento tra le politiche regionali e nazionali e la persistente rigidità del mercato del lavoro siciliano hanno reso difficile ottenere risultati significativi in termini di riduzione della disoccupazione.

POLITICHE FISCALI E SOSTEGNO ALLE IMPRESE

Le politiche fiscali rappresentano un altro elemento chiave delle politiche economiche regionali e nazionali. La Sicilia, grazie al suo statuto speciale, ha la possibilità di trattenere una parte delle entrate fiscali generate sul suo territorio, ma questa autonomia fiscale non è stata sempre gestita in modo efficiente.

A livello nazionale, il governo italiano ha implementato una serie di misure fiscali per incentivare la crescita economica nel Mezzogiorno, tra cui la **decontribuzione per le assunzioni al Sud**, il **credito d'imposta per gli investimenti nel Sud** e altri incentivi destinati a favorire la competitività delle imprese nelle regioni meridionali.

La Regione Siciliana ha anche cercato di promuovere lo sviluppo economico attraverso politiche fiscali mirate, come l'**esenzione dalle imposte regionali per le nuove imprese** e incentivi per attrarre investimenti esteri. Tuttavia, la burocrazia e la corruzione hanno spesso limitato l'efficacia di queste politiche, rendendo difficile per le imprese beneficiare pienamente degli incentivi.

POLITICHE PER L'INNOVAZIONE E LA DIGITALIZZAZIONE

L'innovazione e la digitalizzazione rappresentano un'area strategica per le politiche economiche nazionali e regionali, poiché vengono considerate fondamentali per migliorare la competitività delle imprese e creare nuovi posti di lavoro qualificati. La Sicilia ha fatto progressi in questo settore, in particolare attraverso il sostegno alle start-up e alle imprese tecnologiche.

Il governo italiano, in collaborazione con la Regione Siciliana, ha promosso diverse iniziative volte a facilitare l'accesso ai finanziamenti per le imprese innovative e a migliorare l'ecosistema delle start-up. Tra queste iniziative, il **Piano Nazionale Industria 4.0** ha incentivato l'adozione di nuove tecnologie nelle imprese siciliane, con l'obiettivo di favorire la trasformazione digitale del settore produttivo.

Tuttavia, il digital divide tra la Sicilia e le altre regioni italiane rimane un problema significativo, con molte aree dell'isola ancora sprovviste di adeguate infrastrutture digitali. Questo limita l'accesso alle opportunità offerte dall'economia digitale, in particolare per le piccole e medie imprese (PMI) che rappresentano la spina dorsale dell'economia siciliana.

POLITICHE ENERGETICHE E SOSTENIBILITÀ AMBIENTALE

Un altro ambito strategico delle politiche economiche regionali e nazionali riguarda la sostenibilità ambientale e lo sviluppo delle energie rinnovabili. La Sicilia, grazie alla sua posizione geografica, ha un enorme potenziale per la produzione di energia solare ed eolica, e negli ultimi anni sono stati compiuti importanti passi avanti in questo settore.

Le politiche regionali hanno promosso investimenti in energie rinnovabili attraverso incentivi fiscali e agevolazioni per le imprese del settore. Inoltre, l'Unione Europea ha sostenuto la transizione energetica della Sicilia attraverso finanziamenti destinati allo sviluppo di progetti di energia pulita.

A livello nazionale, il **Piano Nazionale Integrato per l'Energia e il Clima (PNIEC)**, insieme al PNRR, ha previsto un aumento significativo degli investimenti nelle energie rinnovabili, con l'obiettivo di ridurre le emissioni di CO_2 e promuovere un modello di sviluppo sostenibile.

Le politiche economiche regionali e nazionali hanno un impatto cruciale sullo sviluppo economico della Sicilia. Nonostante i progressi compiuti in settori chiave come le infrastrutture, l'occupazione e l'innovazione, l'isola continua a fronteggiare sfide significative, tra cui la disoccupazione, la carenza di infrastrutture adeguate e la dipendenza da un'economia pubblica inefficiente. Per affrontare queste sfide, è essenziale un coordinamento efficace tra le politiche regionali e nazionali, unito a un impegno costante per migliorare la governance e attrarre investimenti.

IL RUOLO DELLA CRIMINALITÀ ORGANIZZATA NELL'ECONOMIA SICILIANA

La Sicilia ha una lunga storia di convivenza con la criminalità organizzata, in particolare con la Mafia, comunemente nota come Cosa Nostra. Questo fenomeno ha influito in maniera profonda e pervasiva sull'economia dell'isola, generando distorsioni e ostacoli allo sviluppo economico sano e sostenibile. L'obiettivo di questo riassunto è esplorare come la criminalità organizzata abbia inciso sull'economia siciliana, sia attraverso il controllo diretto di settori economici, sia tramite meccanismi indiretti di pressione, intimidazione e corruzione. Inoltre, verranno analizzati i tentativi di contrastare la criminalità organizzata e le sfide future per liberare l'economia siciliana dalla morsa mafiosa.

LA MAFIA E IL CONTROLLO DEL TERRITORIO

La criminalità organizzata, e in particolare Cosa Nostra, ha tradizionalmente basato il suo potere su un controllo capillare del territorio siciliano. Attraverso il meccanismo del pizzo (l'estorsione), la Mafia è riuscita a imporsi come attore economico dominante, imponendo tasse illegali a commercianti, imprenditori e professionisti. Questo tipo di controllo ha effetti devastanti sull'economia locale, in quanto sottrae risorse finanziarie a imprenditori e aziende, impedendo loro di investire in crescita e innovazione.

Il pizzo non è solo un mezzo per ottenere profitti illeciti, ma è anche uno strumento di controllo sociale. La capacità della Mafia di far rispettare il pagamento delle estorsioni e punire i trasgressori dimostra la sua influenza e crea un clima di paura che paralizza lo sviluppo economico. Le aziende che rifiutano di pagare il pizzo possono subire atti di violenza, incendi dolosi o altre forme di ritorsione, il che scoraggia la nascita di nuove iniziative imprenditoriali.

INFLUENZA NEI SETTORI PRODUTTIVI

La Mafia ha storicamente esercitato un'influenza diretta su diversi settori economici della Sicilia. Uno dei settori più colpiti è quello delle costruzioni, in cui la criminalità organizzata è spesso riuscita a infiltrarsi tramite l'assegnazione illegale di appalti pubblici. Attraverso la corruzione di funzionari pubblici e politici, le organizzazioni mafiose hanno manipolato il processo di appalto, garantendo la vittoria di aziende a loro affiliate o controllate. Questo ha condotto a opere pubbliche di bassa qualità, ritardi nei lavori e inefficienza nella gestione dei fondi pubblici.

Il settore agricolo è un altro ambito in cui la criminalità organizzata ha storicamente giocato un ruolo significativo. Attraverso il controllo delle cooperative agricole e dei mercati di distribuzione, la Mafia ha influenzato il commercio di prodotti agricoli, spesso obbligando i produttori a vendere i loro prodotti a prezzi inferiori rispetto al mercato. Questo meccanismo ha avuto un impatto negativo sugli agricoltori e sulla capacità della Sicilia di sviluppare un'agricoltura moderna e competitiva.

IL MERCATO IMMOBILIARE E LE SPECULAZIONI

La criminalità organizzata ha anche utilizzato il settore immobiliare per riciclare denaro sporco e ottenere profitti illeciti. Le speculazioni immobiliari mafiose si sono concentrate soprattutto nelle aree urbane e costiere, dove la domanda di immobili è più alta. Attraverso la costruzione di edifici abusivi o il controllo del mercato delle compravendite immobiliari, la Mafia ha distorto il mercato immobiliare, impedendo uno sviluppo urbano equilibrato e rispettoso dell'ambiente.

Un esempio emblematico di questa pratica è la cosiddetta "sacra del cemento" che ha caratterizzato le coste siciliane negli anni '60 e '70, con la costruzione selvaggia di edifici lungo le coste, spesso senza autorizzazioni. Questi interventi hanno distrutto gran parte del patrimonio paesaggistico dell'isola e hanno contribuito alla creazione di infrastrutture di scarsa qualità.

RICICLAGGIO DI DENARO E INFILTRAZIONI FINANZIARIE

Un aspetto cruciale del ruolo della criminalità organizzata nell'economia siciliana riguarda il riciclaggio di denaro. Le organizzazioni mafiose, attraverso una rete di attività economiche legali e illegali, riescono a reinserire i proventi del traffico di droga, estorsioni, usura e altre attività criminali nel circuito legale. Questo fenomeno ha un impatto deleterio sul sistema economico, poiché distorce la concorrenza e favorisce le aziende controllate dalla mafia a discapito di quelle oneste.

Il settore del riciclaggio si è evoluto nel tempo, con la Mafia che ha diversificato le sue attività entrando anche nel settore finanziario, nelle società di consulenza e in altre forme di business legale. Le banche, le società finanziarie e le cooperative sono state spesso utilizzate come canali per il riciclaggio di denaro sporco. Le infiltrazioni finanziarie mafiose hanno portato a un impoverimento dell'economia locale, in quanto l'accumulazione di capitali illeciti crea bolle speculative e sottrae risorse all'economia reale.

POLITICA E CORRUZIONE: L'INFLUENZA SULL'AMMINISTRAZIONE PUBBLICA

Un altro aspetto del ruolo della criminalità organizzata nell'economia siciliana è l'influenza che essa esercita sulla politica e sull'amministrazione pubblica. La Mafia ha storicamente cercato di instaurare rapporti di collusione con politici e amministratori locali, al fine di ottenere vantaggi economici e assicurarsi l'impunità.

La corruzione politica è stata uno degli strumenti principali attraverso cui la criminalità organizzata ha potuto infiltrarsi nell'economia legale. Attraverso accordi con politici corrotti, la Mafia è riuscita a ottenere appalti pubblici, concessioni edilizie e altri benefici economici. Questo ha determinato un malfunzionamento delle istituzioni, riducendo la capacità dello Stato di intervenire efficacemente nel contrastare la criminalità e di promuovere lo sviluppo economico.

La gestione inefficiente delle risorse pubbliche e la presenza di una burocrazia corrotta hanno avuto conseguenze negative sull'attrattività della Sicilia come destinazione di investimenti esteri. Le aziende internazionali sono spesso riluttanti a investire in regioni caratterizzate da un alto tasso di corruzione, poiché temono di non poter operare in modo trasparente e competitivo.

IMPATTO SUL TURISMO E SVILUPPO LOCALE

Il settore turistico, uno dei più promettenti per lo sviluppo economico della Sicilia, è stato anch'esso condizionato dalla presenza della criminalità organizzata. Sebbene la Mafia non abbia sempre agito direttamente contro il turismo, la sua presenza ha spesso influenzato negativamente l'immagine dell'isola, scoraggiando l'afflusso di visitatori.

Inoltre, la criminalità organizzata ha sfruttato il turismo per trarre profitti illeciti, attraverso il controllo di alberghi, ristoranti e altre strutture ricettive. Anche qui, la Mafia ha utilizzato le sue connessioni politiche per ottenere concessioni e finanziamenti pubblici, distorcendo la concorrenza e impedendo uno sviluppo sano del settore.

Negli ultimi anni, tuttavia, ci sono stati tentativi di rilanciare il turismo in Sicilia attraverso iniziative di legalità e di valorizzazione del patrimonio culturale e naturale dell'isola. Organizzazioni come **Addiopizzo** hanno svolto un ruolo importante nel promuovere un turismo etico, invitando i turisti a scegliere strutture e servizi che rifiutano di pagare il pizzo.

IL RUOLO DELLA SOCIETÀ CIVILE E DELLA REPRESSIONE STATALE

La lotta contro la criminalità organizzata in Sicilia ha visto l'intervento attivo della società civile e dello Stato. A partire dagli anni '90, la magistratura e le forze dell'ordine hanno ottenuto importanti successi nella repressione della Mafia, arrestando molti dei suoi leader e smantellando alcune delle sue principali reti operative.

Movimenti come **Libera**, fondata da Don Luigi Ciotti, e **Addiopizzo** hanno promosso una cultura della legalità, incoraggiando i cittadini e gli imprenditori a ribellarsi al potere mafioso e a non piegarsi al pagamento del pizzo. Queste iniziative hanno avuto un impatto significativo, sensibilizzando l'opinione pubblica e creando un clima di maggiore collaborazione tra istituzioni e società civile nella lotta contro la Mafia.

A livello istituzionale, lo Stato italiano ha messo in atto una serie di politiche e strumenti per contrastare la criminalità organizzata, come la confisca dei beni mafiosi e il loro riutilizzo a fini sociali. Questa misura ha permesso di trasformare molte proprietà appartenute alla criminalità organizzata in aziende agricole, cooperative sociali e altre attività legali, generando posti di lavoro e contribuendo alla rigenerazione dell'economia locale.

SFIDE FUTURE

Nonostante i successi nella lotta contro la criminalità organizzata, la Sicilia continua a confrontarsi con sfide importanti. La Mafia, pur avendo subito pesanti colpi, è ancora attiva e continua a rappresentare un ostacolo allo sviluppo economico dell'isola.

INNOVAZIONE E SVILUPPO FUTURO: ENERGIE RINNOVABILI E START-UP TECNOLOGICHE

La Sicilia, con la sua posizione geografica privilegiata e un patrimonio naturale unico, ha un enorme potenziale per sviluppare un'economia sostenibile basata sulle energie rinnovabili e sull'innovazione tecnologica. Negli ultimi anni, l'isola ha cominciato a esplorare queste opportunità, cercando di diversificare la propria economia e ridurre la dipendenza dai settori tradizionali, come l'agricoltura e il turismo. Questo riassunto analizza le dinamiche attuali e le prospettive future delle energie rinnovabili e delle start-up tecnologiche in Sicilia, evidenziando le sfide e le opportunità che si presentano.

IL CONTESTO ENERGETICO DELLA SICILIA

La Sicilia presenta condizioni climatiche favorevoli per lo sviluppo delle energie rinnovabili, in particolare per l'energia solare, eolica e biomassa. Il soleggiamento elevato e la disponibilità di terre agricole abbandonate o sottoutilizzate offrono opportunità per installazioni fotovoltaiche e impianti di produzione di energia eolica. Tuttavia, la transizione verso un sistema energetico sostenibile ha incontrato diversi ostacoli, tra cui la lentezza burocratica, la mancanza di infrastrutture adeguate e il predominio di interessi legati all'industria fossile.

POLITICHE E INIZIATIVE A SOSTEGNO DELLE ENERGIE RINNOVABILI

Negli ultimi anni, il governo regionale e nazionale ha introdotto una serie di politiche e incentivi per promuovere lo sviluppo delle energie rinnovabili in Sicilia. Il **Piano Nazionale Integrato per l'Energia e il Clima (PNIEC)** e il **Piano Nazionale di Ripresa e Resilienza (PNRR)** prevedono significativi investimenti in progetti di energia pulita, mirati a ridurre le emissioni di CO_2 e a raggiungere gli obiettivi di sostenibilità ambientale.

A livello locale, la Regione Siciliana ha adottato normative per facilitare l'installazione di impianti rinnovabili e incentivare l'uso di tecnologie verdi. Queste politiche sono destinate a stimolare gli investimenti, attrarre capitali e creare posti di lavoro, contribuendo alla crescita economica dell'isola.

SVILUPPO DELLE START-UP TECNOLOGICHE

Parallelamente alla crescita delle energie rinnovabili, la Sicilia sta assistendo all'emergere di un ecosistema di start-up tecnologiche. Queste nuove imprese sono spesso focalizzate su soluzioni innovative nel campo delle energie rinnovabili, dell'efficienza energetica e della sostenibilità. Le start-up siciliane stanno sviluppando tecnologie avanzate per la produzione di energia, l'ottimizzazione dei consumi e la gestione delle risorse, contribuendo a rendere l'isola un laboratorio per l'innovazione.

Un esempio significativo è rappresentato da start-up che lavorano nel settore della mobilità sostenibile, come quelle che sviluppano veicoli elettrici e sistemi di ricarica, o che offrono servizi di sharing mobility. Queste iniziative non solo contribuiscono alla transizione energetica, ma anche alla creazione di una cultura dell'innovazione tra i giovani imprenditori siciliani.

Per sostenere lo sviluppo delle start-up tecnologiche e delle energie rinnovabili, è fondamentale promuovere collaborazioni tra istituzioni, università, centri di ricerca e aziende. La Sicilia vanta un buon numero di istituti di ricerca e università che possono fungere da motore per l'innovazione, sviluppando nuove tecnologie e formazione professionale per i giovani.

In questo contesto, programmi di accelerazione e incubazione per start-up rappresentano un'opportunità importante per gli imprenditori locali. Questi programmi offrono supporto in termini di formazione, networking e accesso a finanziamenti, permettendo alle start-up di crescere e sviluppare prodotti innovativi. Iniziative come **Sicilia Ventures** e **Sicilian Startup** hanno già dimostrato di poter stimolare l'ecosistema imprenditoriale e attrarre investimenti.

IL RUOLO DELLA FINANZA SOSTENIBILE

La finanza sostenibile sta emergendo come un elemento chiave per finanziare la transizione energetica e il supporto alle start-up. Investitori e istituzioni finanziarie stanno cercando opportunità in progetti che promuovono la sostenibilità e le energie rinnovabili. I fondi europei, nazionali e regionali rappresentano una fonte cruciale di finanziamento per le imprese siciliane che desiderano investire in innovazione e sostenibilità.

Negli ultimi anni, si sono sviluppati fondi di investimento specializzati in energie rinnovabili e tecnologie verdi, pronti a sostenere progetti innovativi. L'accesso a questi capitali è fondamentale per le start-up siciliane, poiché consente loro di investire in ricerca e sviluppo, migliorare la propria offerta e competere in un mercato sempre più globale.

LE SFIDE DELLA TRANSIZIONE ENERGETICA

Nonostante le opportunità offerte dalle energie rinnovabili e dalle start-up tecnologiche, la Sicilia affronta diverse sfide nella sua transizione energetica. La lentezza burocratica e la mancanza di infrastrutture adeguate sono tra i principali ostacoli all'implementazione di progetti di energia pulita. La necessità di una pianificazione e di un coordinamento efficace tra le varie istituzioni locali e nazionali è fondamentale per superare questi problemi.

Inoltre, la dipendenza storica dell'isola da settori tradizionali come l'agricoltura e il turismo potrebbe rappresentare un freno alla rapida adozione delle nuove tecnologie. È essenziale sensibilizzare gli attori economici e la popolazione sull'importanza della transizione energetica e sulle opportunità offerte dalle energie rinnovabili.

Per garantire il successo delle energie rinnovabili e delle start-up tecnologiche, è fondamentale investire nella formazione e nella creazione di una cultura dell'innovazione. Le università e i centri di formazione devono adattare i propri programmi per rispondere alle esigenze del mercato del lavoro e fornire competenze tecniche e imprenditoriali.

Programmi di formazione per giovani imprenditori, workshop

su innovazione e sostenibilità, e tirocini presso start-up sono strumenti chiave per preparare le nuove generazioni ad affrontare le sfide future. La promozione di una mentalità imprenditoriale e di una cultura della sostenibilità è essenziale per costruire un ecosistema innovativo e dinamico.

PROSPETTIVE FUTURE

La Sicilia ha l'opportunità di diventare un leader nel campo delle energie rinnovabili e dell'innovazione tecnologica, grazie alle sue risorse naturali e al crescente ecosistema di start-up. Tuttavia, per sfruttare appieno questo potenziale, è fondamentale affrontare le sfide esistenti, investire in formazione e creare un ambiente favorevole all'innovazione.

Collaborazioni tra istituzioni, imprese e start-up, insieme a un impegno per la sostenibilità e la transizione energetica, possono trasformare la Sicilia in un modello di sviluppo economico sostenibile. Con l'adeguato supporto politico, finanziario e culturale, l'isola può affrontare le sfide del futuro e garantire un'economia prospera e sostenibile per le generazioni a venire

CONCLUSIONI E RACCOMANDAZIONI

La Sicilia, una delle regioni più ricche di storia e cultura d'Europa, si trova attualmente di fronte a sfide significative e opportunità inestimabili per il suo sviluppo economico sostenibile. L'economia dell'isola, tradizionalmente basata su agricoltura, turismo e industrie tradizionali, sta evolvendo grazie all'emergere di settori innovativi come le energie rinnovabili e le start-up tecnologiche. Tuttavia, per massimizzare il potenziale di crescita e affrontare le sfide esistenti, è fondamentale formulare conclusioni e raccomandazioni strategiche che possano guidare la Sicilia verso un futuro prospero e sostenibile.

RIFLESSIONI SULLE SFIDE ECONOMICHE ATTUALI

La Sicilia affronta diverse sfide economiche che limitano il suo sviluppo. La disoccupazione, in particolare tra i giovani, è un problema persistente, con tassi che superano la media nazionale. La dipendenza da settori tradizionali, come l'agricoltura e il turismo, rende l'economia vulnerabile a fluttuazioni economiche e crisi climatiche. Inoltre, la criminalità organizzata e la corruzione continuano a rappresentare ostacoli significativi, distorcendo il mercato e scoraggiando gli investimenti.

L'inadeguatezza delle infrastrutture, compresi trasporti, energie e servizi pubblici, limita l'accesso alle risorse e influisce sulla competitività delle imprese locali. Nonostante i progressi compiuti nelle politiche regionali e nazionali per promuovere lo sviluppo, rimane cruciale affrontare questi problemi per garantire un futuro prospero.

POTENZIALE DELLE ENERGIE RINNOVABILI

Le energie rinnovabili rappresentano un'opportunità strategica per la Sicilia. Grazie alla sua posizione geografica, l'isola ha un notevole potenziale per lo sviluppo dell'energia solare, eolica e da biomasse. Il passaggio a un'economia a basse emissioni di carbonio non solo contribuirà a ridurre l'impatto ambientale, ma genererà anche nuovi posti di lavoro, stimolerà investimenti e favorirà la crescita economica.

L'implementazione di politiche a sostegno delle energie rinnovabili deve essere una priorità. Ciò include incentivi per le imprese che investono in tecnologie verdi, la semplificazione delle procedure burocratiche e il rafforzamento delle infrastrutture necessarie per supportare la produzione e la distribuzione di energia pulita.

Le start-up tecnologiche sono emerse come motori di innovazione e crescita in Sicilia. Questo nuovo ecosistema imprenditoriale offre opportunità per la creazione di posti di lavoro, lo sviluppo di tecnologie avanzate e la diversificazione dell'economia. Tuttavia, per sfruttare appieno il potenziale delle start-up, è fondamentale fornire supporto adeguato attraverso programmi di formazione, accesso ai finanziamenti e networking.

La creazione di incubatori e acceleratori di start-up può favorire lo sviluppo di idee innovative e supportare i giovani imprenditori. Le università e i centri di ricerca dovrebbero collaborare con il settore privato per promuovere l'innovazione e fornire le competenze necessarie agli studenti.

Un approccio collaborativo è essenziale per affrontare le sfide e promuovere l'innovazione in Sicilia. Le istituzioni pubbliche, le università, le imprese e la società civile devono lavorare insieme per creare un ambiente favorevole allo sviluppo sostenibile. La creazione di reti di collaborazione e la condivisione delle conoscenze possono facilitare l'adozione di pratiche innovative e sostenibili.

È cruciale coinvolgere i cittadini nel processo di sviluppo economico, ascoltando le loro esigenze e proponendo soluzioni che riflettano le realtà locali. L'educazione alla sostenibilità deve diventare una priorità, affinché le nuove generazioni possano essere preparate a costruire un futuro sostenibile per l'isola.

RACCOMANDAZIONI STRATEGICHE

5.1. Rafforzamento delle Politiche Energetiche

- **Incentivi per le Energie Rinnovabili:** Introdurre misure fiscali e finanziamenti per le imprese che investono in energie rinnovabili e tecnologie sostenibili.

- **Semplificazione Burocratica:** Snellire le procedure per l'installazione di impianti di energia rinnovabile, garantendo tempi di risposta rapidi e trasparenza.

- **Educazione e Sensibilizzazione:** Promuovere campagne di informazione sui benefici delle energie rinnovabili e sulla sostenibilità ambientale tra i cittadini e le imprese.

5.2. SUPPORTO ALLE START-UP E ALL'INNOVAZIONE

- **Programmi di Incubazione:** Creare incubatori di start-up per fornire supporto a giovani imprenditori e sviluppare idee innovative nel campo delle tecnologie verdi.

- **Accesso ai Finanziamenti:** Stabilire fondi dedicati per finanziare progetti innovativi e sostenibili, rendendo più facile per le start-up accedere a capitali.

- **Formazione e Competenze:** Collaborare con le università per sviluppare programmi di formazione che preparino gli studenti a lavorare in settori innovativi e sostenibili.

5.3. SVILUPPO DELLE INFRASTRUTTURE

- **Investimenti in Infrastrutture:** Allocare risorse per migliorare le infrastrutture di trasporto e comunicazione, facilitando il collegamento tra le diverse aree dell'isola e migliorando l'accesso ai mercati.

- **Infrastrutture Energetiche:** Investire in reti energetiche intelligenti e nella modernizzazione delle infrastrutture esistenti per supportare la produzione e la distribuzione di energia rinnovabile.

5.4. LOTTA ALLA CRIMINALITÀ ORGANIZZATA

- **Promuovere la Legalità:** Rafforzare le politiche di legalità e trasparenza, incentivando le imprese a operare nel rispetto delle norme e a non cedere alle pressioni mafiose.

- **Educazione Civica:** Introdurre programmi educativi nelle scuole che sensibilizzino i giovani sul tema della legalità e della lotta alla criminalità organizzata.

L'IMPORTANZA DI UN APPROCCIO INTEGRATO

Affinché la Sicilia possa affrontare le sfide attuali e cogliere le opportunità future, è fondamentale adottare un approccio integrato che consideri le interconnessioni tra le diverse dimensioni dello sviluppo economico. La sostenibilità ambientale, l'innovazione tecnologica, la crescita economica e il benessere sociale devono essere perseguiti in modo coordinato.

Le politiche economiche devono essere formulate tenendo conto delle specificità locali e delle esigenze della popolazione. Un dialogo costante tra istituzioni, cittadini e attori economici è essenziale per creare un ambiente favorevole alla crescita sostenibile.

MONITORAGGIO E VALUTAZIONE DELLE POLITICHE

Infine, è cruciale istituire sistemi di monitoraggio e valutazione delle politiche adottate. Questo consentirà di misurare l'efficacia delle misure implementate e di apportare eventuali aggiustamenti in tempo utile. L'analisi dei risultati deve basarsi su indicatori chiave di performance (KPI) che riflettano i progressi compiuti verso gli obiettivi di sviluppo sostenibile.

In conclusione, la Sicilia ha un enorme potenziale per sviluppare un'economia sostenibile e innovativa, basata sulle energie rinnovabili e sulle start-up tecnologiche. Tuttavia, per realizzare questo potenziale, è fondamentale affrontare le sfide attuali e attuare raccomandazioni strategiche che promuovano la crescita inclusiva e sostenibile.

Attraverso un impegno coordinato tra istituzioni, imprese e cittadini, la Sicilia può costruire un futuro prospero, garantendo opportunità per le nuove generazioni e contribuendo a un ambiente più sano e sostenibile. La strada verso un'economia sostenibile è impegnativa, ma con determinazione e collaborazione, l'isola può emergere come un modello di innovazione e sviluppo nel contesto mediterraneo e oltre.

www.ingramcontent.com/pod-product-compliance
Lightning Source LLC
Chambersburg PA
CBHW070414230526
45471CB00006B/2805